759.972
OH58
2015   Oh, Park Eun.
           Frida Kahlo : la pintura es mi fuerza / Park Eun Oh ; ilus. Jeon Ji
        Eun ; tr. Sonia Verjovsky Paul. –- México : CONACULTA, Dirección
        General de Publicaciones : Libros para Imaginar, 2015.
        36 p. : il. –-

        ISBN: 978-607-745-114-3 CONACULTA

        1. Kahlo, Frida, 1907-1954. 2. Pintores – México – Biografía.
        I. Eun, Jeon Ji, il. II. Verjovsky, Sonia, tr. III. Título.

Primera edición, 2015

Título original: *Frida Kahlo. Painting is My Strength*
Coedición: Libros para Imaginar /
            Consejo Nacional para la Cultura y las Artes-
            Dirección General de Publicaciones

D.R. © Park Eun Oh
D.R. © De las ilustraciones: Jeon Ji Eun
D.R. © De la traducción del inglés al español: Sonia Verjovsky Paul
D.R. © Yeowon Media Co., Seúl, Corea, 2010

Esta edición limitada en español se publica por acuerdo con Yeowon Media Co.
a través de The ChoiceMaker Korea Co.

D.R. © 2015, Libros para Imaginar, S.A. de C.V.
        Camino Santa Teresa 890, Torre XI-303,
        Colonia Santa Teresa Contreras,
        C.P. 10740, México, D.F.
        Teléfono: (55) 5849 4680
        info@librosparaimaginar.com
        www.librosparaimaginar.com

D.R. © 2015, Consejo Nacional para la Cultura y las Artes
        Dirección General de Publicaciones
        Avenida Paseo de la Reforma 175,
        Colonia Cuauhtémoc
        C.P. 06500, México, D.F.
        www.conaculta.gob.mx

ISBN: 978-607-9306-17-5 Libros para Imaginar
ISBN: 978-607-745-114-3 CONACULTA

Edición: Ixchel Delgado Jordá
Corrección: Marisol Ruiz Monter
Formación y tipografía: Isa Yolanda Rodríguez

Impreso en México / *Printed in Mexico*

LA PINTURA ES MI FUERZA

Park Eun Oh

**Ilustraciones
de Jeon Ji Eun**

Libros
maginar

CONACULTA

DIRECCIÓN GENERAL
DE PUBLICACIONES

"Con amistad y cariño
nacidos del corazón
tengo el gusto de invitarte
a mi humilde exposición.

...

A las ocho de la noche.

...

Se encuentra en Amberes 12
y con puertas a la calle,
de suerte que no te pierdes
porque se acaba el detalle.

...

Estos cuadros de pintura
pinté con mis propias manos
y esperan en las paredes
que gusten a mis hermanos".

...

Un día de primavera de 1953,
Frida Kahlo envió esta invitación.

Sus cuadros eran autorretratos. Aunque a veces
decoraba los bordes con misteriosas enredaderas
o flores bellísimas casi siempre aparecían también
heridas sangrientas y llenas de dolor.

La mujer de los cuadros parecía sufrir mucho,
pero no era por eso que nadie le podía quitar
los ojos de encima: más bien, era por la manera
en que miraba intrépidamente al espectador, a pesar
de las lágrimas blancas que brotaban de sus ojos.

Fue así como Frida asombró a todos con
sus deslumbrantes pinturas.

Muchos artistas célebres de Europa elogiaron su obra, pues para ellos reflejaba un mundo de ensueño. Sin embargo, ella no pintaba un universo imaginario. Retrataba su vida, ella la sentía: una pesadilla llena de tristeza y dolor.

"Frida era muy bien vestida y muy guapa. Cuando saltaba parecía un pájaro en el cielo".

Una amiga de la infancia de Frida.

Cuando tenía seis años, Frida —esa niña con aspecto de niño y de cejas impresionantes— sufrió una fiebre altísima que la obligó a quedarse en cama durante nueve meses completos. Cuando ésta desapareció, su pierna derecha había dejado de crecer.

A pesar de todo, la niña jamás perdió el ánimo: decidió levantarse y seguir adelante. Se puso a hacer ejercicio y empezó a ponerse el zapato derecho con el tacón más alto que del izquierdo. No le importaba que los otros niños se burlaran de ella: simplemente se paseaba por ahí usando vestidos magníficos y con la frente en alto.

A los dieciocho años tuvo un accidente. A toda velocidad, un enorme tranvía chocó contra el autobús en el que viajaba Frida.

Lo primero que a Frida le pasó por la mente fue un balero de colores brillantes que había comprado ese mismo día.

Sobre su cuerpo inmóvil cayó una lluvia de dorados copos de pintura y el pasamano la atravesó por completo.

"Fue un choque extraño; no fue violento, sino sordo, lento y maltrató a todos. Y a mí mucho más".

Frida Kahlo

17 de Septiembre de 1926 – FRIDA K...

"Habito un planeta doloroso, transparente como el hielo". Frida Kahlo

Los médicos le ataron los huesos con un corsé de metal y la envolvieron en vendas de yeso, pero no lograron curar el corazón destruido de Frida, a pesar de todos sus esfuerzos. Su hermoso cuerpo estaba destrozado, y también se hicieron añicos sus ilusiones de enamorarse y volverse una gran doctora.

Sólo podía mover las dos manos.

Todo lo tenía que hacer con dolor
y enormes esfuerzos, hasta que se miró al
espejo y dejó de llorar. Decidió hacer algo con
la única parte del cuerpo que todavía podía
mover: las manos.

Tan pronto como Frida decidió pintar,
sus papás colocaron un espejo en el techo,
justo sobre su cama, y comenzó
a trazar su reflejo.

*"Decidí hacer algo. Robé unas pinturas al óleo de mi
padre, y mi madre mandó hacer un caballete especial,
puesto que no me podía sentar. Así empecé a pintar".*

Frida Kahlo

Frida se dibujó una y otra vez. Cada vez que sentía que comenzaba ese insoportable dolor, se pintaba sangrando; si algo le hacía recordar sus sueños truncados, se trazaba con un enorme hueco en el torso.

Me retrato a mí misma porque paso mucho tiempo sola... y porque soy el motivo que mejor conozco".

Frida Kahlo

"Mi pintura lleva dentro el mensaje del dolor"... "La pintura me completó la vida".
Frida Kahlo

Cuando la Frida de los retratos terminaba
de derramar lágrimas blancas como la lluvia,
la verdadera Frida podía dejar de llorar.

"Perdí tres hijos y otra serie de cosas que hubieran llenado mi vida horrible. Todo eso lo sustituyó la pintura". Frida Kahlo

Ante todo, la pintura le enseñó a no temerle a la muerte.

Cada vez que estaba en cama, enferma, se decía: "¿Volveré a caminar algún día?". Y al enfrentar una operación tras otra se preguntaba si abriría los ojos de nuevo.

La muerte la siguió para siempre después de aquel accidente de tránsito, pero en vez de evitarla, Frida decidió desafiarla.

"Me río y me burlo de la muerte para que no me pueda dominar".

Frida Kahlo

"Las calaveras eran la otra mitad de Frida y sus mejores amigas".

El marido de Frida, Diego Rivera

"Nada vale más que la risa. Es fuerza reír y abandonarse, y ser ligero". Diario de Frida

Para Frida, el lienzo era un diario, un amigo; era la medicina que curaba todo dolor y toda pena.

Cuando estaba angustiada lo expresaba en sus pinturas. Hacer esto era como si un médico le curara las heridas. Y entonces, volvía la paz y la risa.

"Daba el corazón. Poseía una riqueza espiritual increíble, y aunque uno

La bella Frida se ataviaba con aretes, collares espléndidos y vestidos hermosos, a todos deleitaba con su sonrisa. Cautivaba a todos, y todos querían ser sus amigos. Aunque se volvió famosa por sus pinturas llenas de angustia, nadie encontraba jamás la menor indicación de tristeza en su rostro.

la iba a ver para consolarla, siempre salía consolado uno mismo."

Amiga de Frida

A la exposición que Frida abrió en la primavera de 1953 en la ciudad de México, acudieron muchas personas a ver sus pinturas.

Recibió a sus invitados desde una cama, arreglada con un vestido despampanante, con joyas resplandecientes y peinada con una trenza. Su sonrisa era tan deslumbrante como siempre... ¿quién iba a saber que ésta sería su última exposición?

"Se quedó quieta en cama con una mirada feliz, viendo a los entusiastas que la venían a visitar. Casi no dijo nada. Después me di cuenta de que se despedía de la vida".

Diego Rivera

"Yo quiero mucho las cosas, la vida, las gentes".
Frida Kahlo

Después de haber sobrevivido a esos dos hechos, el dolor, el miedo y la muerte la siguieron merodeando, pero cada vez que pasaba eso, tomaba el pincel.

Cuando terminaba un cuadro, se amaba más, aunque sentía que moría.

1907 Nace en Coyoacán, México, el 6 de julio. 1913 La polio le deja paralizada la pierna derecha. 1922 La aceptan en la Escuela Nacional Preparatoria. 1925 Un accidente en el que su autobús choca con un tranvía le destroza la columna vertebral, el hueso pélvico y el pie derecho. 1926 Termina su primer cuadro, *Retrato*, para distraerse del dolor mientras está en cama. 1929 Se casa con Diego Rivera. 1938 Primera exposición privada en Nueva York. 1939 Exposición privada en París. Se vuelve famosa por pintar cuadros surrealistas. Se divorcia de Diego Rivera. 1942 Se vuelve maestra en la escuela de arte La Esmeralda. Se convierte en miembro fundador del Instituto de Cultura de México. 1950 Tras su séptima operación de la columna, permanece hospitalizada por nueve meses. 1953 Abre una exposición privada en la ciudad de México. Le amputan la pierna derecha hasta la rodilla. 1954 Muere de neumonía el 13 de julio.

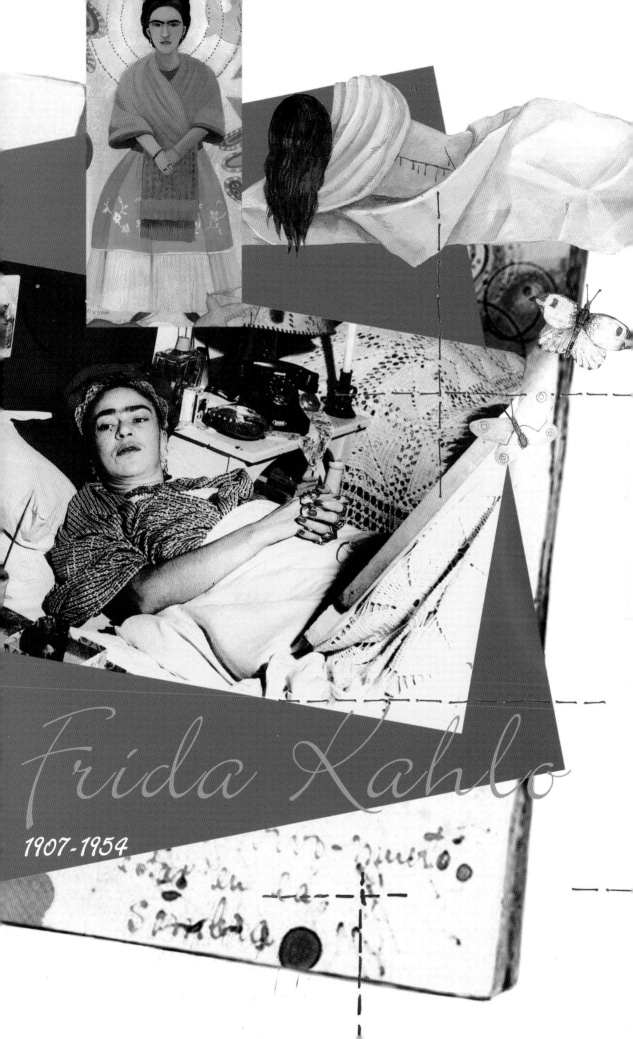

Frida Kahlo

1907-1954

Frida Kahlo

Frida Kahlo, una de las artistas mexicanas más destacadas del siglo xx En 1907, nació en Coyoacán, que en aquel entonces estaba en las afueras de la ciudad de México. Su padre era fotógrafo, y a esa bebé de ojos brillantes y cejas tupidas habría de ponerle Frida, nombre que significa *paz* en alemán. Sin embargo, la vida de la niña no sería tan fácil como su padre hubiera querido.

Cuando Frida cumplió seis años, una fiebre muy alta la dejó con la pierna derecha más corta que la izquierda, pero se recuperó y volvió a ser tan activa como siempre, sobresaliendo en los deportes y en los estudios. La admitieron en la prestigiosa Escuela Nacional Preparatoria, reconocida por aceptar a los mejores estudiantes del país. Su sueño de volverse una gran doctora estaba cerca de cumplirse, hasta que un claro día de otoño, el año en que cumplió dieciocho años, el autobús en el que viajaba chocó con un tranvía. Se lastimó tanto la espalda y la pierna derecha que la tuvieron que operar más de treinta veces a lo largo de su vida.

Envuelta en vendas, Frida se tuvo que quedar en cama casi un año. Durante su larga y dolorosa recuperación la pintura se convirtió en el medio para escapar de la situación en que se hallaba. Sus papás le prepararon un caballete y le colgaron un espejo en el techo. Ahí, pintó su propio retrato una y otra vez.

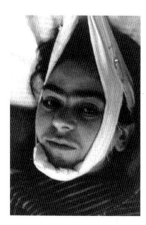

Tras un largo periodo en cama, comenzó a estudiar arte como profesión, lo que la llevaría a conocer a Diego Rivera, un famoso pintor de la época. Frida, de veintidós años, se enamoró de Diego, de cuarenta y dos. Sus amigos bromeaban sobre la pareja, pues decían que parecía la combinación de "un elefante con una paloma". Para ellos, esa unión era su destino, y se casaron.

Frida no pudo tener hijos debido a su frágil estado de salud, además de que todo el tiempo se separaba de Diego, porque tenían muchas diferencias. Cada vez que las cosas empeoraban, Frida se expresaba por medio de la pintura, pues era un bálsamo para sus heridas. Ella pintaba para sanarlas.

Así, en poco tiempo se volvieron famosas sus pinturas misteriosas y oníricas, donde se reflejaba la tristeza de su rostro combinada con imágenes típicas mexicanas.

La obra de Frida apasionó a los críticos de arte europeos. En esa época, la última moda en Europa era un movimiento llamado surrealismo, donde se usaban imágenes muy extrañas que sólo podían existir en los sueños. Los críticos pensaban que Frida comprendía esto muy bien, y que lo representaba en sus cuadros, pero habría que preguntar si de verdad era así, pues ella consideraba que lo que hacía era expresar sus sentimientos de tristeza, dolor y felicidad por medio de la pintura. En los años cuarenta, se volvió una artista reconocida en México. Comenzó a dar clases, y los estudiantes la admiraban por enseñarles a pintar con tanta libertad. Pero la salud de Frida se deterioraba y no funcionaron las operaciones que le hicieron en la columna, así que no podía disfrutar su éxito. De nuevo quedó sola e indefensa.

En abril de 1953, Frida hizo una exposición privada en la ciudad de México, y mucha gente acudió a ver sus pinturas. Su salud era tan frágil que tuvo que recibir en cama a los invitados. Al año siguiente, se murió a la temprana edad de cuarenta y cuatro años. Aunque su vida fue breve, su historia y su obra siguen ofreciendo un mensaje conmovedor y de consuelo a la gente de hoy.

44

Un autorretrato es una imagen que los pintores hacen de sí mismos, y es la forma de pintura que mejor describe sus pensamientos y sentimientos. Por eso los artistas hacen autorretratos: para expresar su mundo interior.

Autorretrato,
Rembrandt, 1929

¿Por qué los artistas se pintan a sí mismos?

Salvador Dalí
Pintor surrealista

Los autorretratos de Frida

Frida expresaba su vida dolorosa por medio de retratos de tonos coloridos e imágenes impresionantes, donde derramaba lágrimas de sangre, posaba con un corte de cabello masculino, se convertía en enredadera... Basta con ver sus pinturas para sentir el dolor que sufrió, pero también se puede percibir su gran deseo de vivir. Sus retratos son una mezcla de dolor y gran fuerza de voluntad. Así vivió ella.

Andy Warhol
Artista pop

Las dos Fridas,
Frida Kahlo, 1939

Autorretrato con mono,
Frida Kahlo, 1943

A Rembrandt (1606-1669), lo apodaban "el artista de la luz". Se volvió famoso desde muy joven, y se casó con una mujer de una familia rica. Murió después de su esposa e hijos, solo y en bancarrota, pero dejó cien autorretratos que representaban todos esos periodos distintos de

Autorretrato, Rembrandt, 1661

Autorretrato, Rembrandt, 1640

su vida: primero como un galante joven, luego como un artista rico; poco después, perseguido por los acreedores, y finalmente como un anciano que lo había perdido todo.

Los artistas surrealistas pintaban imágenes extrañas que parecían salidas de los sueños. Magritte (1898-1967), de Bélgica, y Dalí (1904-1989), de España, son dos de los pintores surrealistas más famosos. Los autorretratos que nos dejaron muestran una huella clara de ese movimiento. Magritte se dibujaba con cuatro brazos, y Dalí hizo una extraña pintura de sí mismo donde sólo son reconocibles los ojos, la nariz y la boca.

Autorretrato blando con tocino frito, Salvador Dalí, 1941

Autorretrato, Andy Warhol, 1986

El arte pop (*Pop Art*) es un tributo a la cultura de consumo moderna. Los artistas usaban herramientas cotidianas, anuncios, caricaturas y fotografías en su trabajo. Andy Warhol (1928-1987) fue un pionero en esto y utilizó la serigrafía para hacer muchas copias de Marilyn Monroe y de Elvis Presley con sólo unos cuantos colores. Por medio de la serigrafía se pueden producir muchas copias y ésta es una de las características fundamentales de la cultura moderna.

Sin esperanza, 1945
A medida que su salud se
deterioraba, tuvieron que empezar
a darle de comer. En esta pintura es
evidente el dolor que sentía.

Diego en mi pensamiento, 1943
Una pintura que muestra su amor por Rivera.

El padre de Frida Kahlo era de origen alemán y su madre
tenía ascendencia indígena y española. Bajo la influencia
de su mamá, adquirió un amor profundo por México. Ese
cariño es evidente en sus pinturas y su vestimenta.

Cultura mexicana

A lo largo de la historia, México fue el centro de
ancestrales culturas indígenas como la azteca,
la maya y la tolteca, pero a partir de 1521, fue
gobernado por los españoles durante trescientos
años. Por eso en cada rincón de México hay
aspectos tanto de la cultura indígena como de la
cultura española. Esta mezcla de la cultura española
y la indígena es la que conocemos como cultura
mestiza.

Las pinturas de Frida son inseparables de la cultura
mexicana, pues en ellas viven elementos de los sueños
y de la realidad, personajes divinos y personajes reales.

México en el lienzo de Frida

Frida trazaba al sol y a la luna en una sola imagen, de acuerdo con la filosofía azteca: la luna y el sol representan las fuerzas del cielo y de la tierra, la eterna batalla entre la luz y la oscuridad, y los dos lados de la cultura mexicana. Pintaba cuadros únicos con estos temas. Su concepción de México se percibe muy claramente en bodegones como *Tunas* y *Frutos de la Tierra*. Le gustaba pintar las coloridas frutas y flores de su tierra.

El abrazo de amor entre el Universo, la Tierra, yo, Diego y el señor Xólotl, Frida Kahlo, 1949

Frutos de la Tierra, Frida Kahlo, 1938

Viva la Vida, Frida Kahlo, 1954

Frida se viste de México

A Frida le encantaba usar el traje típico de las mujeres de Tehuantepec, famosas por su belleza, valor e inteligencia. Los trajes de tehuana son de colores brillantes y están decorados muy detalladamente. Frida usaba estos vestidos resplandecientes como una manera de encarnar la fortaleza de la mujer mexicana.

La columna rota, 1944
Los clavos que atraviesan su cuerpo y el fondo vacío muestran su dolor y soledad.

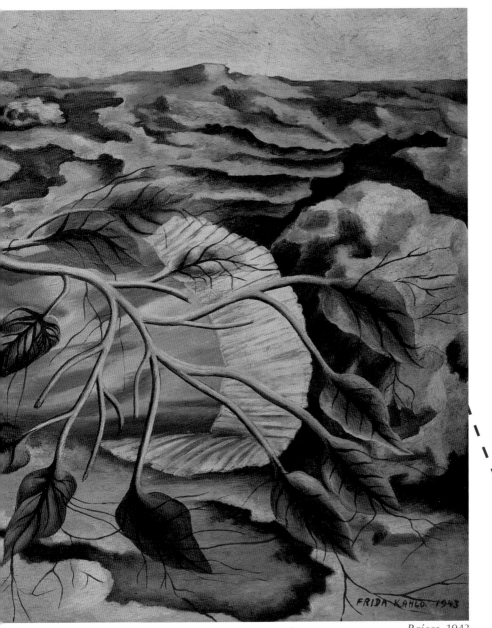

Raíces, 1943

a quería expresar su vitalidad por medio de una planta que crecía desde el suelo accidentado.

Mis abuelos, mis padres y yo, 1936
Frida valoraba sus raíces familiares y
su nacionalidad.

Frida Kahlo

LA PINTURA ES MI FUERZA

Se imprimió en los talleres de Editorial
Impresora Apolo, S.A. de C.V., con domicilio
en Centeno 150-6, colonia Granjas Esmeralda,
delegación Iztapalapa, c.p. 09810, México,
D.F., en el mes agosto de 2015.
El tiraje fue de 2000 ejemplares.